Klasse 4

Ulrike Stolz & Sylvia Hielscher

Fünf-Minuten-Diktate

zum gezielten Rechtschreibtraining

Ein Trainingsprogramm zur Bildung und Stärkung der Schreibkompetenz

Lernen mit Erfolg

KOHL VERLAG

Fünf-Minuten-Diktate

Klasse 4

10. Auflage 2026

© Kohl-Verlag, Kerpen 2008
Alle Rechte vorbehalten.

<u>Inhalt</u>: Sylvia Hielscher & Ulrike Stolz
<u>Coverbild</u>: © Adobe Firefly
<u>Illustrationen</u>: © clipart.com
<u>Grafik & Satz</u>: Kohl-Verlag
<u>Druck</u>: Druckhaus Flock, Köln

Bestell-Nr. 10 875

ISBN: 978-3-86632-875-4

<u>Verwendete Schrift</u>: *„Grundschrift" von Christian Urff, lizenziert unter CC-BY 3.0*

<u>Kontakt</u>: Kohl-Verlag, An der Brennerei 37-45, 50170 Kerpen
Tel: +49 2275 331610, Mail: info@kohlverlag.de

Unsere Lizenzmodelle

Der vorliegende Band ist eine Print-<u>Einzellizenz</u>

Sie wollen unsere Kopiervorlagen auch digital nutzen? Kein Problem – fast das gesamte KOHL-Sortiment ist auch sofort als PDF-Download erhält-lich! Wir haben verschiedene Lizenzmodelle zur Auswahl:

	Print-Version	PDF-Einzellizenz	PDF-Schullizenz	Kombipaket Print & PDF-Einzellizenz	Kombipaket Print & PDF-Schullizenz
Unbefristete Nutzung der Materialien	x	x	x	x	x
Vervielfältigung, Weitergabe und Einsatz der Materialien im eigenen Unterricht	x	x	x	x	x
Nutzung der Materialien durch alle Lehrkräfte des Kollegiums an der lizensierten Schule			x		x
Einstellen des Materials im Intranet oder Schulserver der Institution			x		x

Die erweiterten Lizenzmodelle zu diesem Titel sind jederzeit im Online-Shop unter www.kohlverlag.de erhältlich.

Inhalt

5-MINUTEN-DIKTATE / Klasse 4 – Bestell-Nr. 10 875

KOHL VERLAG

Vorwort

Liebe Kolleginnen und Kollegen,

nicht selten wird heutzutage diese Frage laut: Warum brauchen wir Diktate?

Ebenso wird häufig kritisiert, dass viele Lehrer* Diktate als perfekte Möglichkeit der Notengebung nutzen. Dies ist grundsätzlich nicht negativ – und natürlich auch nicht verboten – jedoch bieten Diktate eine sehr gute Möglichkeit, Rechtschreibung zu erlernen.

Der Erwerb von orthographischen Erkenntnissen ist in der Grundschule unabdingbar. In den ersten Schuljahren soll der Deutschunterricht die Schülerinnen und Schüler dazu befähigen, die Grundkenntnisse der Rechtschreibung zu sichern. Nur versierte Schreiber entwickeln schließlich ein gesundes Selbstbewusstsein, um schriftlichen Anforderungssituationen auch wirklich gerecht zu werden.

Aber wie gelangen die Schülerinnen und Schüler zu diesem Selbstbewusstsein beim Einsatz der Rechtschreibung? Klar – das lernen sie ja in der Schule. Lernen bedeutet, dass geistige, körperliche und soziale Kenntnisse, Fähigkeiten und Fertigkeiten erworben werden. Aber wie kann dies nun tatsächlich erreicht werden?

Hier ist das Sprichwort „Übung macht den Meister" sehr treffend, denn der Weg ist die Übung. Durch den Prozess des Übens werden die kognitiven Inhalte gefestigt.

Genau aus diesem Grund bestehen *Kohls praktische 5-Minuten-Diktate* aus vielfältigem Übungsmaterial. Insgesamt gibt es 20 Diktate auf 40 Kopiervorlagen. So lassen sich sowohl die Rechtschreibung als auch der Wortschatz gezielt üben und zugleich nachhaltig sichern.

Ein herzliches Dankeschön gilt Melanie Schweitzer, die durch ihre beratende Unterstützung einen wichtigen Beitrag zur Erstellung der Kopiervorlagen beigesteuert hat.

Ein Tipp: Sollten Sie sich dazu entschließen, dieses Werk als Klassensatz zu erwerben (etwa um Kopierkosten zu sparen), unterbreiten wir Ihnen gerne ein preisgünstiges Angebot.

Viel Freude beim Einsatz der vorliegenden Kopiervorlagen wünschen Ihnen der Kohl-Verlag und die Autoren

Sylvia Hielscher & Ulrike Stolz

Mit den Schülern und Lehrern sind im gesamten Band natürlich auch die Schülerinnen und Lehrerinnen gemeint.

5-MINUTEN-DIKTATE ... zum gezielten Rechtschreibtraining / Klasse 4 – Bestell-Nr. 10 875

Einsatzmöglichkeiten

Alle 20 Diktattexte sind nach dem gleichen Prinzip aufgebaut. Sie wurden nach Rechtschreibthemen und aufsteigendem Schwierigkeitsgrad sortiert.

Arbeitsblatt 1 (linke Seite):

- Die Schüler haben die Möglichkeit, den Diktattext aufmerksam zu lesen. Die schwierigen Wörter sind unterstrichen.
- Erste einfache Übungen werden angeboten, um das Rechtschreibphänomen zu erkennen. Spezielle Wörter mit besonders hoher Fehlerwahrscheinlichkeit werden gezielt geübt.
- Der dritte Teil des ersten Arbeitsblattes besteht aus der Abschrift des Textes. Zu allen Diktaten ist die Anzahl der Wörter angegeben.

Arbeitsblatt 2 (rechte Seite):

Das zweite Arbeitsblatt bietet vielfältige Übungen. Die Schüler haben hier die Möglichkeit ...

- ... die passende Regel herauszufinden,
- ... den Wortschatz zu erweitern,
- ... mit dem neu erlernten Rechtschreibwissen kreativ umzugehen
- ... und/oder einfach nur zu üben.

Die Einsatzmöglichkeiten des Produktes sind vielfältig. Sie bieten einmal die Möglichkeit, als unterrichtsbegleitendes Werk eingesetzt zu werden, die 20 Diktate können aber auch gleichmäßig über das ganze Schuljahr verteilt werden.

Sie können als Lehrkraft frei entscheiden, ob Ihre Schüler selbstständig damit arbeiten. So können die Kopiervorlagen zum Beispiel in der Freiarbeit eingesetzt werden. Die Schüler können ihre Leistungen anhand der mitgelieferten Lösungen selbst kontrollieren.

Die Diktate bieten eine hervorragende Gelegenheit, soziale Kompetenzen zu erweitern, da alle Diktate auch als Partnerdiktat durchgeführt werden können. Unter anderem lassen sich die Diktate auch in Laufdiktate, Wörterbuchdiktate oder Dosendiktate „umfunktionieren". Des Weiteren bietet dieses Werk die Möglichkeit, Differenzierungsangebote für Ihre individuellen Schüler herauszunehmen.

Sollten Sie die 5-Minuten-Diktate nicht unterrichtbegleitend einsetzen, können diese Kopiervorlagen den Schülern auch eine Chance bieten, zu Hause damit zu arbeiten. Der gleiche Aufbau aller 20 Diktateinheiten sowie die Lösungen sind nicht nur eine Unterstützung für Sie als Lehrer, sondern sie geben auch Eltern die Gelegenheit, mit ihren Kindern zu üben. Gerade für Schüler, die Probleme mit der Rechtschreibung haben, ist dies eine Empfehlung, für die Ihnen zahlreiche Eltern dankbar sein werden.

Dosendiktat:

Das Diktat kopieren (am besten vergrößert) und in einzelne Streifen schneiden. Die Satzstreifen durchnummerieren. Alle Streifen werden nun in eine Dose gepackt (die Dosen können von Ihren Schülern mitgebracht und verziert werden). Jeder hat nun die Aufgabe, die Streifen der Reihe nach herauszuziehen, den Satz/Text zu lesen und schließlich aus dem Gedächtnis niederzuschreiben.

Laufdiktat:

Der Diktattext wird an einer bestimmten Stelle im Klassenzimmer aufgehängt (es können auch unterschiedliche Plätze sein). Die Schüler müssen nun an die einzelnen Stellen laufen, den Satz lesen und ihn – zurück am Platz – aus dem Gedächtnis aufschreiben.

Wörterbuchdiktat:

Der Klasse wird das Diktat auf herkömmliche Weise diktiert. Am Ende bekommen die Schüler Zeit, ihre „fraglichen" Wörter zu unterstreichen und schließlich im Wörterbuch nachzuschlagen.

5-MINUTEN-DIKTATE ... zum gezielten Rechtschreibtraining / Klasse 4 – Bestell-Nr. 10 875

KOHL VERLAG

1 Hübsch

👓 **1. Lernschritt:**   Lies den Text aufmerksam durch. Lies laut.

> Die Tante Gertrude <u>kommt</u> zu Besuch. Schon ist ihre laute <u>Stimme</u> zu
> hören. Justus fällt der <u>Kamm</u> aus der Hand. Er <u>brummt</u>: „Ich verschwinde
> mal lieber in mein <u>Zimmer</u>." Aber Gertrude <u>kommt</u> ihm zuvor. „Du wirst
> mir ja <u>immer</u> ähnlicher", sagt sie <u>bestimmt</u>. „Ja", antwortet Justus, „das
> behauptet Papa auch <u>immer</u>. Aber er meint, das sei nicht <u>schlimm</u>. Jungen
> müssten ja schließlich nicht schön und <u>vollkommen</u> sein."   67 Wörter

✍ **2. Lernschritt:**   Schreibe mit den folgenden Wörtern eigene Sätze.

kommen: _____

Stimme: _____

Kamm: _____

brummen: _____

Zimmer: _____

schlimm: _____

vollkommen: _____

✍ **3. Lernschritt:**   Achte aufmerksam auf das Diktat.

- - - - - - - - - - - - *Knicke das Blatt entlang der gestrichelten Linie nach hinten weg.* - - - - - - - - - - - -

_____

_____

_____

_____

_____

_____

5-MINUTEN-DIKTATE ... zum gezielten Rechtschreibtraining / Klasse 4 – Bestell-Nr. 10 875
KOHL VERLAG

4. Lernschritt: Setze m oder mm ein.

Ich holte im Keller den Ha_____er, da hörte ich ein leises Wi_____ern. „Wer ist denn

da?", rief ich mutig. Vielleicht ist es ja die O_____a und ihr ist vielleicht etwas Sch-

li_____es passiert? Plötzlich wuchs das Geräusch zu einem Bru_____en und dann zu einem

lauten Su_____en an. Ich beka_____ Angst und wollte gerade nach Ma_____a rufen, da

lachte mein Bruder laut. Dieser Lü_____el hatte sich im Keller versteckt, um mich zu

erschrecken. Nach dieser fiesen Nu_____er beka_____ er aber Ärger. Das war du_____

von ihm.

5. Lernschritt: Schreibe die entsprechenden Tunwörter (Verben).

Lümmel → _____   Hammer → _____

Nummer → _____   ein Wimmern → _____

6. Lernschritt: Warum schreibt man diese Wörter groß? Erkläre.

ein leises **W**immern etwas **S**chlimmes einem lauten **S**ummen	_____ _____

7. Lernschritt: Schreibe eine eigene Geschichte. Diese Reizwörter
werden dir dabei helfen: Schimmel – Himmel – summen

_____

_____

_____

_____

_____

_____

5-MINUTEN-DIKTATE ... zum gezielten Rechtschreibtraining / Klasse 4 – Bestell-Nr. 10 875
KOHL VERLAG

2 Süßes für die Mutter

👓 **1. Lernschritt:** Lies den Text aufmerksam durch. Lies laut.

> Torben geht in einen <u>Lebensmittelladen</u>. Trotz der <u>Glätte</u> an diesem
> Wintertag hat er den Weg auf sich genommen. Er möchte für seine
> Mutter eine Dose mit Süßigkeiten kaufen. Es ist <u>Mittag</u>, der Laden
> ist fast leer. „Soll die Dose eine bestimmte Farbe haben? Hier ist
> eine hübsche mit einem <u>Blattmuster</u>", will die Verkäuferin mit den
> <u>glatten</u> Haaren wissen. „Das Muster ist mir ganz schnuppe", antwortet
> Torben. „Hauptsache ist, dass der Deckel leise auf und zu geht."
>
> 76 Wörter

✍ **2. Lernschritt:** Suche im Buchstabenrätsel alle unterstrichenen Wörter.
Suche vorwärts und rückwärts ⇔. Schreibe sie unten
heraus.

F	E	D	G	L	A	T	T	G	E	B	U	Z	O	P	L	A	S	W	V	R	G	E	R	G	H
L	I	P	L	A	S	E	G	E	R	C	Z	G	A	T	T	I	M	M	P	A	W	S	E	R	N
D	R	T	L	E	B	E	N	S	M	I	T	T	E	L	K	O	L	S	R	E	T	T	U	M	U
V	E	D	R	U	P	A	S	R	E	T	S	U	M	T	T	A	L	B	G	E	R	U	K	O	K

_____

✍ **3. Lernschritt:** Achte aufmerksam auf das Diktat.

- - - - - *Knicke das Blatt entlang der gestrichelten Linie nach hinten weg.* - - - - - - - - - - - -

_____

_____

_____

_____

_____

_____

_____

_____

_____

5-MINUTEN-DIKTATE ... zum gezielten Rechtschreibtraining / Klasse 4 – Bestell-Nr. 10 875 · KOHL VERLAG

4. Lernschritt: Welche Wörter mit mm kennst du? Arbeite mit dem Wörterbuch.

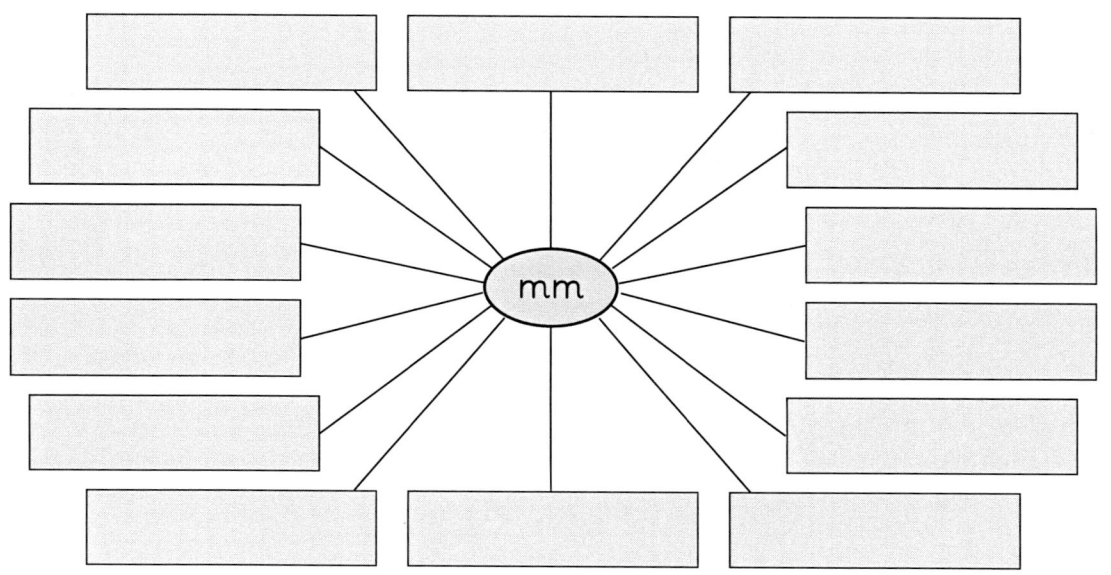

5. Lernschritt: Sortiere folgende Wörter nach dem Alphabet.

Radiergummi   Zimmer   _____   _____

immer   flimmern   _____   _____

schlimmer   bestimmt   _____   _____

bekommen   jammern   _____

Mammut   Kamm   _____

6. Lernschritt: Finde im Wörterbuch mindestens 20 Wörter, die mit einem m in der Wortmitte geschrieben werden.

_____

_____

_____

_____

5-MINUTEN-DIKTATE ... zum gezielten Rechtschreibtraining / Klasse 4 – Bestell-Nr. 10 875

KOHL VERLAG

3 Zerstreut

✎ **1. Lernschritt:** Lies den Text aufmerksam durch. Lies laut.

Herr <u>Müller</u> ist ein sehr zerstreuter Mann. Seine Adresse hatte er schon einmal <u>vollständig</u> vergessen. Aber er war <u>willig</u>, sich zu bessern. Er <u>füllte</u> morgens einen Zettel mit den Besorgungen des Tages aus. So <u>wollte</u> er das Übel an der <u>Quelle</u> packen. Heute <u>will</u> er den <u>Wohltätigkeitsball</u> für seine Firma organisieren. Er steigt in die U-Bahn und <u>will</u> Zeitung lesen, aber er findet seine <u>Brille</u> nicht. Ein kleines Mädchen neben ihm zieht sie <u>schnell</u> aus seiner Tasche. Herr <u>Müller</u> sagt zu ihr: „<u>Toll</u>, die gute Sicht. Vielen Dank. Wie heißt du denn?" „<u>Michelle Müller</u>, Papa."

96 Wörter

✎ **2. Lernschritt:** a) Schreibe alle unterstrichenen Namenwörter (Nomen / Substantive) heraus.

_____

b) Schreibe nun die unterstrichenen Verben heraus: _____

c) ... Und hier noch alle Adjektive: _____

✎ **3. Lernschritt:** Achte aufmerksam auf das Diktat.

- - - - - - - *Knicke das Blatt entlang der gestrichelten Linie nach hinten weg.* - - - - - - - -

_____

_____

_____

_____

_____

_____

_____

_____

_____

5-MINUTEN-DIKTATE ... zum gezielten Rechtschreibtraining / Klasse 4 – Bestell-Nr. 10 875
KOHL VERLAG

4. Lernschritt: **a)** Sortiere die folgenden Wörter in die Tabelle ein.

> schnell – Aal – schrill – Qual – Brille – prall – Füller – Kalb –
> Altar – Alltag – Alarm – bellen – Belag – Beule – Ball – Knall

langgesprochener Selbstlaut (Vokal)	kurzgesprochener Selbstlaut (Vokal)

b) Hast du beim Füllen der Tabelle etwas festgestellt? Betrachte den Inhalt der Tabelle noch einmal aufmerksam. Es lässt sich eine Regel bilden. Kannst du sie formulieren?

 5. Lernschritt: *Finde Wörter mit* **ll** *, die sich reimen.*

hell ➜ _____

die Quelle ➜ _____

prall ➜ _____

der Teller ➜ _____

still ➜ _____

toll ➜ _____

fallen ➜ _____

der Knall ➜ _____

 6. Lernschritt: Welche Mitlaute (Konsonanten) werden nach einem kurzgesprochenen Selbstlaut (Vokal) verdoppelt?

5-MINUTEN-DIKTATE ... zum gezielten Rechtschreibtraining / Klasse 4 – Bestell-Nr. 10 875

KOHL VERLAG

1. Lernschritt: Lies den Text aufmerksam durch. Lies laut.

Lehrer <u>Bock</u> ließ seinen <u>Blick</u> über die Hefte wandern. Bei Anja <u>stockte</u> er. „Wie kommt denn der riesige <u>Tintenfleck</u> auf die Heftseite?" „Mein <u>Geschmack</u> ist das ja auch nicht", antwortete Anja <u>keck</u>, „aber Sie sagten, dass es für jeden <u>Klecks</u> eine Strafe gibt. Darum habe ich aus vier <u>Tintenflecken</u> einen gemacht." Lehrer <u>Bock</u> hüstelte <u>trocken</u> und setzte sich sichtlich sprachlos hinter sein Pult.

63 Wörter

2. Lernschritt: Fülle die Wortschablonen mit den passenden Wörtern aus.

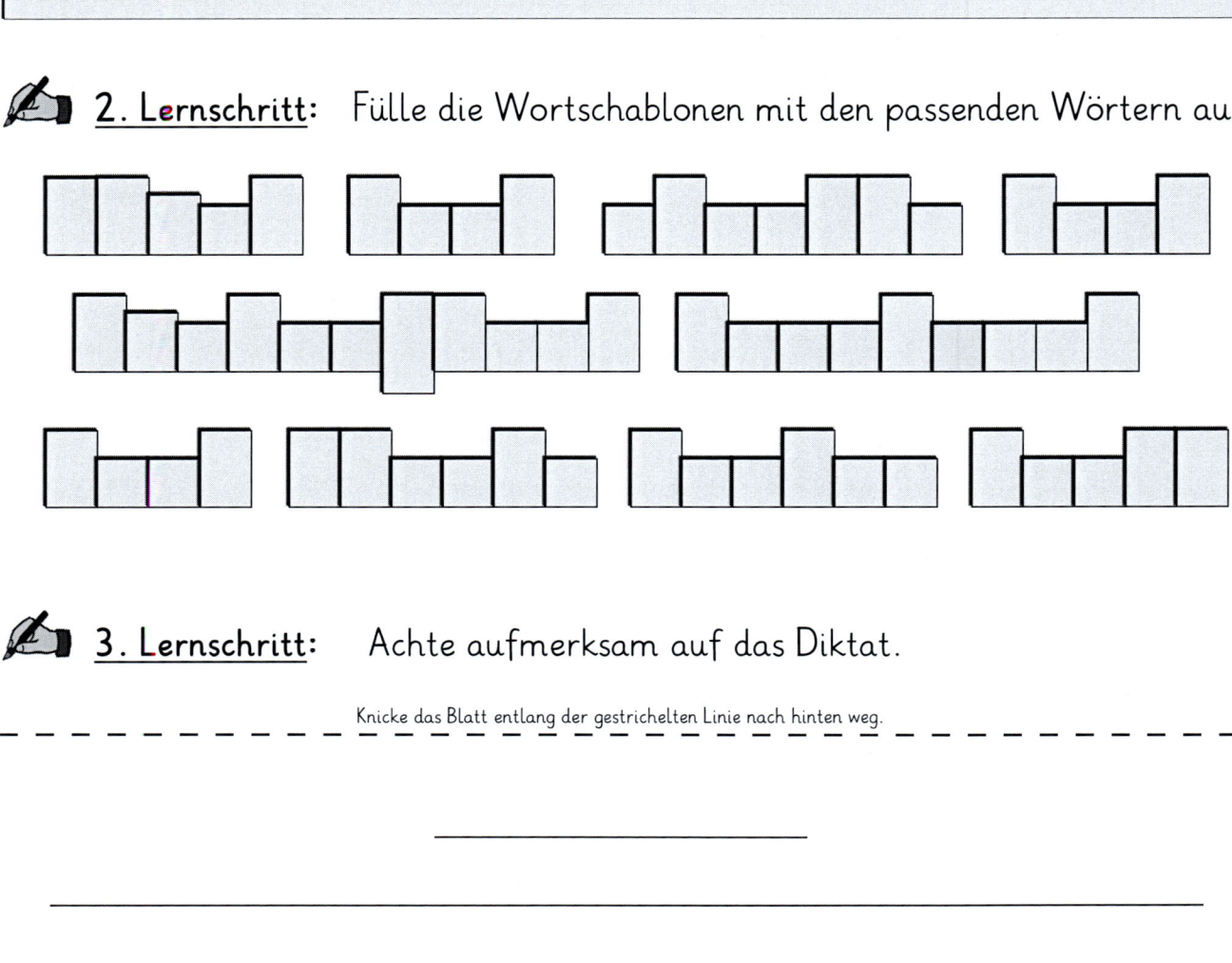

3. Lernschritt: Achte aufmerksam auf das Diktat.

Knicke das Blatt entlang der gestrichelten Linie nach hinten weg.

5-MINUTEN-DIKTATE ... zum gezielten Rechtschreibtraining / Klasse 4 – Bestell-Nr. 10 875
KOHL VERLAG

4 Der Tintenfleck

4. Lernschritt: Finde die richtigen Antwortwörter, die ein **ck** enthalten.

a) Man kann darüber gehen: _____

b) Sie stechen Menschen: _____

c) Sie sind langsame Tiere: _____

d) Zauberer können ihn am besten: _____

e) Man isst es zum Rührei: _____

f) Ihn tragen nur Mädchen: _____

g) Dies ist eine Gehhilfe: _____

h) Wir brauchen sie im Winter: _____

i) Wir haben sie im Gesicht: _____

5. Lernschritt: Finde passende Reimwörter.

die Brücke → _____   der Speck → _____

die Mücke → _____   der Rock → _____

die Schnecke → _____   der Stock → _____

der Trick → _____   die Jacke → _____

6. Lernschritt: Schreibe zu zwei Namenwörtern (Nomen / Substantiven) aus dem <u>5. Lernschritt</u> je ein Elfchen.

_____

_____ _____

_____ _____ _____

_____ _____ _____ _____

_____

_____ _____

_____ _____ _____

_____ _____ _____ _____

> **Tipp:**
> Elfchen bestehen aus 11 Wörtern

KOHL VERLAG   5-MINUTEN-DIKTATE   ...zum gezielten Rechtschreibtraining / Klasse 4 – Bestell-Nr. 10 875

5 | Die Kantine

👓 **1. Lernschritt:** Lies den Text aufmerksam durch. Lies laut.

Der <u>Baustil</u> der <u>Kantine</u> war recht <u>simpel</u> gehalten. Das einzig schmückende <u>Stilelement</u> des Gebäudes war ein großer Balkon, der es von allen Seiten umgab. So wirkte die <u>Kantine</u> wie ein <u>Motiv</u> des Malers Carl Larssen. Die <u>Liga</u> der Stadtverbesserer hätte sie lieber als <u>Ruine</u> gesehen, denn das Haus <u>wirkte</u> nicht vornehm genug für einen Kurort. Es stand in seiner <u>Schlichtheit</u> geradezu im <u>Widerspruch</u> zu den übrigen mondänen Häusern und <u>Villen</u>. Die <u>Wirtin</u> der <u>Kartine</u>, von allen nur kurz „<u>Sultanine</u>" genannt, <u>erwiderte</u> nur gelassen: „Da müsste schon eine <u>Lawine</u> umgeleitet werden, bevor ich weiche."

93 Wörter

✍️ **2. Lernschritt:** Schreibe alle unterstrichenen Namenwörter (Nomen / Substantive) mit dem bestimmten Begleiter (Artikel) heraus.

_____

_____

✍️ **3. Lernschritt:** Achte aufmerksam auf das Diktat.

- - - - - - *Knicke das Blatt entlang der gestrichelten Linie nach hinten weg.* - - - - - -

_____

_____

_____

_____

_____

_____

_____

_____

_____

5-MINUTEN-DIKTATE ... zum gezielten Rechtschreibtraining / Klasse 4 – Bestell-Nr. 10 875 · KOHL VERLAG

4. Lernschritt: a) Das langgesprochene „i" kann auch als **ie** geschrieben werden. Setze die folgenden Wörter richtig zusammen.

| Bundesl ... |
| Z ... |
| S ... |
| Mot ... |
| Sch ... |

| i |
| ie |

| ... ne |
| ... v |
| ... ger |
| ... ga |
| ...ge |

_____ _____ _____ _____ _____

b) Bilde mit den Wörtern eigene Sätze.

_____

_____

_____

_____

_____

 5. Lernschritt: Fülle die Lücken mit **i** oder mit **ie** .

S____lber – S____g – S____b – S____gnal – s____nken – K____no –

K____osk – K____fer – g____ßen – g____gantisch – G____rlande

 6. Lernschritt: Sortiere die folgenden Wörter in die Tabelle ein.

Mitleid – Mine – lila – Lippe – Schnitt – Kino – Silbe – Signal – Ticket – Tinte

langgesprochenes „i"	kurzgesprochenes „i"

5-MINUTEN-DIKTATE / Klasse 4 – Bestell-Nr. 10 875 ... zum gezielten Rechtschreibtraining
KOHL VERLAG

6 In die Hose?

1. Lernschritt: Lies den Text aufmerksam durch. Lies laut.

Zwei Hunde machen einen langen <u>Spaziergang</u> durch die Wüste. Es ist <u>Dienstag</u> und die <u>Fliegen</u> umkreisen sie. Sie gönnen den Hunden einfach keinen <u>Frieden</u>. Frech <u>fliegen</u> sie um deren Nasen. <u>Schließlich</u> nehmen die beiden <u>Terrierhunde</u> Reißaus. Sie haben noch <u>sieben</u> Kilometer vor sich, ehe sie <u>wieder</u> auf eine <u>Wiese</u> treffen. Überall in der Wüste sehen sie Sanddünen – nichts als Sand. Da sagt Dufus: „Wenn nicht bald ein Baum kommt, dann mache ich mir in die Hose."

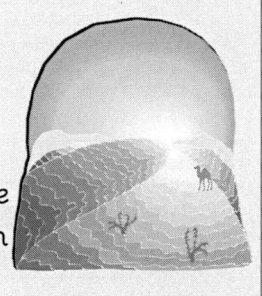

76 W.

2. Lernschritt: a) Schreibe alle unterstrichenen Wörter aufmerkam aus dem Text heraus.

_____

_____

b) Diktiert euch die Wörter gegenseitig. Wenn du alleine bist, decke die Wörter ab und schreibe sie aus dem Gedächtnis.

3. Lernschritt: Achte aufmerksam auf das Diktat.

- - - - - - Knicke das Blatt entlang der gestrichelten Linie nach hinten weg. - - - - - -

_____

_____

_____

_____

_____

_____

_____

_____

5-MINUTEN-DIKTATE ... zum gezielten Rechtschreibtraining / Klasse 4 – Bestell-Nr. 10 875
KOHL VERLAG

4. Lernschritt: Wie viele „ie-Wörter" findest du in der Wortschlange?
Schreibe sie unten heraus.

FIEMALZIEGERANIESELNFOLAKIESELNORBIESTANOZWIEBELMALIEGENDE

_____

 5. Lernschritt: Schreibe fünf eigene Sätze. Versuche, soviele „ie-Wörter"
wie möglich einzubauen.

Beispiel: Sieben liebe Ziegen siegen beim Sandsieben.

_____

_____

_____

_____

_____

 6. Lernschritt: Wie viele „ie-Wörter" kennst du schon? Nimm das
Wörterbuch zuhilfe.

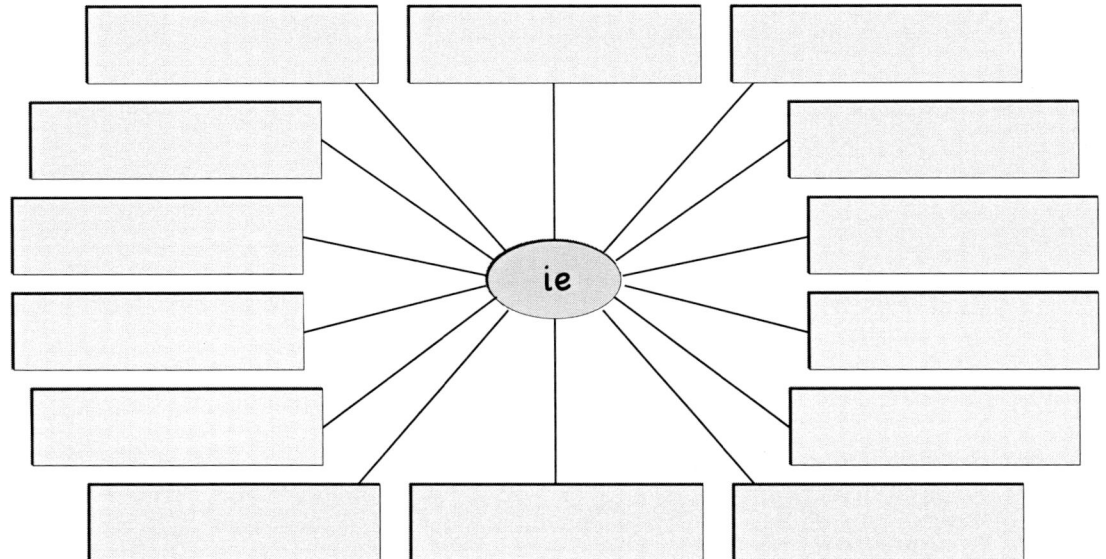

5-MINUTEN-DIKTATE / Klasse 4 – Bestell-Nr. 10 875
... zum gezielten Rechtschreibtraining

KOHL VERLAG

👓 **1. Lernschritt:** Lies den Text aufmerksam durch. Lies laut.

Ungefähr ein Vierteljahr nach ihrer Fahrt zum Nordkap trafen sich die Reisenden wieder. Mit ihren Motorrädern waren sie im Frühling unterwegs gewesen. Es war noch kühl, aber sie wählten trotzdem das Zelten. Sie wollten der Natur näher sein. Ihre Mahlzeiten bereiteten sie auf einem Gaskocher zu. Auch Conny war mit von der Partie. Sie war eines der wenigen Mädchen, das ein eigenes Motorrad hatte. Sie liebte das Abenteuer und die Gefahr. Sie wusste, dass sie beim Fahren ihrer Maschine keinen Fehler machen durfte. Das konnte tödlich enden. Also fuhr sie gelassen und souverän. Nach ungefähr 3000 Kilometern kehrten sie alle wohlbehalten zurück. Gern betrachtete Conny die Bilder ihrer ersten Fahrt.

110 Wörter

✍ **2. Lernschritt:** Schreibe die unterstrichenen Wörter aus dem Text auf der Blattrückseite jeweils dreimal aufmerksam ab.

✍ **3. Lernschritt:** Achte aufmerksam auf das Diktat.

Knicke das Blatt entlang der gestrichelten Linie nach hinten weg.

- -

5-MINUTEN-DIKTATE ... zum gezielten Rechtschreibtraining / Klasse 4 – Bestell-Nr. 10 875

KOHL VERLAG

4. Lernschritt: **a)** Mit oder ohne h ? Setze an den richtigen Stellen ein h . Die anderen Lücken lässt du einfach frei.

die Ko____le – ausma____len – za____len – die Na____t – die U____r –

stra____len – Vo____gel – se____geln – fa____ren – der Dra____t –

das Mo____nster – na____ – die Wa____l – der Mo____nd – fe____gen –

der Schu____ – die Schu____le – gefä____rlich – e____rlich – Za____len –

fro____ – fü____ren – bo____ren – Stro____m – Te____lefon – Me____l

b) Sortiere alle Wörter mit h in die Tabelle ein.

Nomen / Substantive	Verben	Adjektive

 5. Lernschritt: Wähle sechs der im 4. Lernschritt genannten Wörter mit Dehnungs-h und schreibe jeweils einen eigenen Satz dazu.

Beispiel: Für Heizkohle muss man heute viel zahlen.

_____

_____

_____

_____

_____

6. Lernschritt: Finde verschiedene Wörter, in denen der Begriff „Jahr" vorkommt.

_____

_____

5-MINUTEN-DIKTATE ... zum gezielten Rechtschreibtraining / Klasse 4 – Bestell-Nr. 10 875
KOHL VERLAG

8 Schweinchen für die Schule

👓 **1. Lernschritt:** Lies den Text aufmerksam durch. Lies laut.

Max <u>wohnte</u> mit seinen Eltern für einige Wochen auf dem Bauernhof.
<u>Ohne</u> seine Playstation fand er es hier ganz schön langweilig. Aber
er freundete sich mit dem <u>Sohn</u> des Bauern an und hatte so schließlich eine <u>fröhliche</u> Zeit. Die <u>neugeborenen</u> Ferkel hatten es <u>ihm</u> besonders angetan. Er <u>belohnte</u> sie immer mit einer Extraportion Futter.
Sie <u>bohrten</u> dann zu gern <u>ihre</u> Nasen dort hinein. Ein Schweinchen
lief <u>ihm</u> oft hinterher und er beschloss, es mit in die <u>Schule</u> zu
<u>nehmen</u>. Die Mutter war entgeistert: „Du kannst es doch nicht aus seiner <u>gewohnten</u>
Umgebung reißen und mit in den Unterricht <u>nehmen</u>. Denk doch an den Gestank."
„Ach", antwortete Max, „an den wird es sich schon <u>gewöhnen</u>."

114 Wörter

✍ **2. Lernschritt:** Schreibe die unterstrichenen Wörter aus dem Text
auf der Blattrückseite jeweils dreimal aufmerksam ab.

✍ **3. Lernschritt:** Achte aufmerksam auf das Diktat.

Knicke das Blatt entlang der gestrichelten Linie nach hinten weg.

— —

_____

5-MINUTEN-DIKTATE ... zum gezielten Rechtschreibtraining / Klasse 4 – Bestell-Nr. 10 875
KOHL VERLAG

8 Schweinchen für die Schule

✍ 4. Lernschritt: a) Mit oder ohne h ? Setze an den richtigen Stellen ein h . Die anderen Lücken lässt du einfach frei.

die Trageba____re – die Do____se – der Za____n – Korn ma____len –

le____ren – fro____ – der Mu____t – wä____len – gra____ben – wa____r –

ho____l – das Re____ – der Ma____gen – die Ma____de – die Fra____ge

b) Sortiere alle Wörter mit h in die Tabelle ein.

Nomen/Substantive	Verben	Adjektive

✍ 5. Lernschritt: Diktiert euch die folgenden Wörter gegenseitig. (Wenn du alleine arbeitest, decke die Begriffe ab und schreibe aus dem Gedächtnis.)

wohnen – ohne – Sohn – fröhlich – neugeboren – belohnen – bohren – Schule – Ferkel – beschließen

_____

_____

✍ 6. Lernschritt: Schreibe zu den folgenden Wörtern jeweils einen eigenen Satz.

bohren: _____

der Sohn: _____

belohnt: _____

gewöhnen: _____

5-MINUTEN-DIKTATE ...zum gezielten Rechtschreibtraining / Klasse 4 – Bestell-Nr. 10 875

KOHL VERLAG

9 Frühling

👓 **1. Lernschritt:** Lies den Text aufmerksam durch. Lies laut.

Allmählich wurde es Frühling. Die Zugvögel kehrten nach Hause zurück und die Krokusse begannen zu blühen. Es war noch etwas kühl draußen, aber Marie sehnte sich danach, ohne Jacke herumzutoben. Sie zählte schon die Tage bis zu den Frühlingsferien. Da wollte sie bei ihrer Tante wohnen, die in einer Mühle zu Hause war. Das war immer sehr aufregend, denn sie hatte noch nicht das ganze Gebäude erkundet. Sie ahnte, dass es noch viel zu entdecken gab. Während die Tante ihre Mahlzeiten wieder mit selbst gemahlenem Mehl zubereitete, würde sie den unheimlichen Dachboden untersuchen.

93 Wörter

✏️ **2. Lernschritt:** Schreibe alle unterstrichenen Wörter aus dem Text heraus und unterstreiche das | h | .

_____

_____

_____

✏️ **3. Lernschritt:** Achte aufmerksam auf das Diktat.

- - - Knicke das Blatt entlang der gestrichelten Linie nach hinten weg. - - -

_____

_____

_____

_____

_____

_____

_____

_____

_____

5-MINUTEN-DIKTATE … zum gezielten Rechtschreibtraining / Klasse 4 – Bestell-Nr. 10 875

KOHL VERLAG

4. Lernschritt: Wie viele Wörter mit Dehnungs-h fallen dir ein?
Schreibe auf.

_____

_____

_____

_____

 5. Lernschritt: **a)** Suche im Buchstabenrätsel die Wörter mit Dehnungs-
h. Suche waagerecht (vorwärts und rückwärts) ⇔
und senkrecht ⇩.

F	E	D	J	A	S	C	E	B	G	E	E	R	H	Ö	M	H	E	F
G	E	D	A	V	I	K	P	O	H	Z	B	E	D	C	T	H	U	B
F	L	E	H	R	E	R	G	H	F	A	K	U	I	L	H	E	M	R
E	J	S	R	G	E	D	E	N	E	H	L	P	A	S	E	X	G	Ü
R	T	V	E	D	T	Z	R	E	N	K	S	A	H	N	E	T	H	H
B	Z	T	E	N	H	Ü	B	N	G	N	U	K	I	P	L	O	H	E

b) Schreibe die gefundenen Wörter aus dem Buchstabenrätsel hier
heraus. Schreibe den bestimmten Begleiter (Artikel) davor.

_____   _____

_____   _____

_____   _____

_____   _____

 6. Lernschritt: Diktiere deinem Partner den ersten Satz. Anschließend
bekommst du den zweiten von ihm diktiert.

1. Im Frühling kehren allmäglich die Zugvögel zurück
und die Blumen beginnen zu blühen.

2. Marie sehnt sich nach den Frühlingsferien und zählt
die Tage bis dahin.

5-MINUTEN-DIKTATE ...zum gezielten Rechtschreibtraining / Klasse 4 – Bestell-Nr. 10 875
KOHL VERLAG

10 Zu spät

1. Lernschritt: Lies den Text aufmerksam durch. Lies laut.

Amelie, Janine, Isabell und Luna kommen zu <u>spät</u> zur Schule. Der <u>Unterricht</u> <u>hat</u> <u>längst</u> begonnen. Amelie <u>meint</u>: „Meine <u>Mutter</u> ist krank, sie <u>hat</u> mich <u>nicht</u> geweckt." Janine <u>erzählt</u>: „Mein Fahrrad hat einen <u>Platten</u>." Isabell <u>sagt</u>: „Ich <u>konnte</u> meine <u>Brotdose</u> <u>nicht</u> finden." Luna <u>meint</u> nur fuchsteufelswild: „Jetzt <u>habt</u> ihr alle meine Ausreden schon <u>gebraucht</u>."

54 Wörter

2. Lernschritt: **a)** Schreibe die unterstrichenen Wörter sorgfältig heraus.

_____

_____

_____

b) Bilde die Grundform aller Tunwörter (Verben) wie im Beispiel.

hat – haben, _____

_____

_____

3. Lernschritt: Achte aufmerksam auf das Diktat.

Knicke das Blatt entlang der gestrichelten Linie nach hinten weg.

- -

_____

_____

_____

_____

_____

_____

_____

5-MINUTEN-DIKTATE zum gezielten Rechtschreibtraining / Klasse 4 – Bestell-Nr. 10 875

KOHL VERLAG

4. Lernschritt: **a)** Finde möglichst viele Wörter mit d am Wortende.

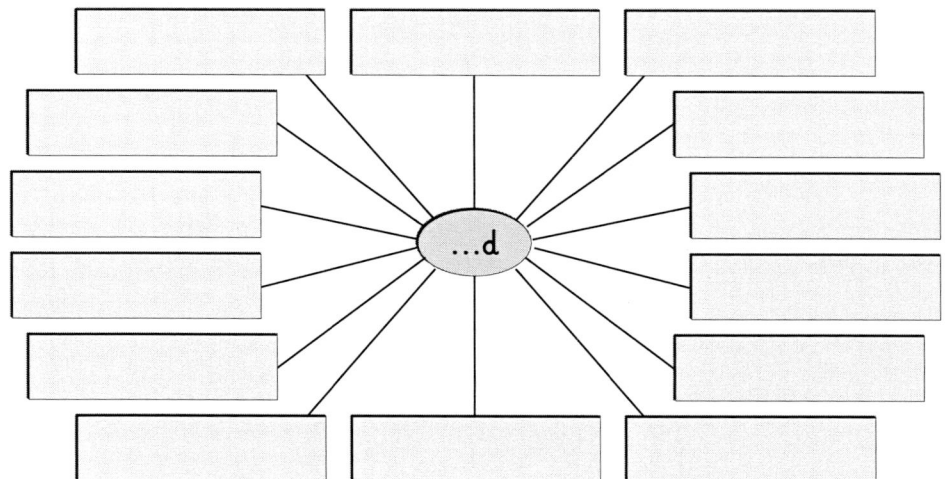

b) Finde möglichst viele Wörter mit t am Ende.

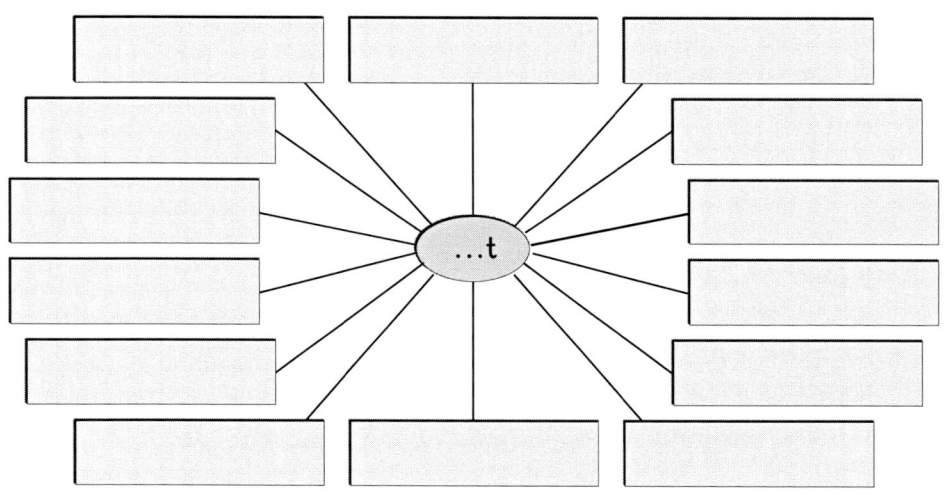

5. Lernschritt: Finde passende Reimwörter.

Acht ➜ _____

Nacht ➜ _____

Yacht ➜ _____

Akt ➜ _____

genannt ➜ _____

Sand ➜ _____

Wand ➜ _____

Rand ➜ _____

sagt ➜ _____

Amt ➜ _____

Abstand ➜ _____

Band ➜ _____

Bart ➜ _____

fremd ➜ _____

gedrängt ➜ _____

Fest ➜ _____

5-MINUTEN-DIKTATE ... zum gezielten Rechtschreibtraining / Klasse 4 – Bestell-Nr. 10 875

KOHL VERLAG

11 Marc und sein Modellflugzeug

👓 **1. Lernschritt:**   Lies den Text aufmerksam durch. Lies laut.

Auf der großen Wiese des benachbarten Bauern ließ Marc sein
<u>Modellflugzeug</u> fliegen. <u>Freudestrahlend</u> schaute er ihm nach.
Der Weidezaun diente ihm als <u>Absperrung</u>, denn weiter durfte
er es nicht fliegen lassen. Eine größere Reichweite hatte seine
<u>Fernsteuerung</u> nicht. <u>Elegant</u> <u>flog</u> sein Modell die Runden über die
Grashalme. Es <u>bestand</u> nur aus einem hauchdünnen <u>Skelett</u>, das mit einer <u>Plastikhülle</u>
überzogen war. Vor <u>Begeisterung</u> merkte er gar nicht, dass sein <u>Flugzeug</u> immer
<u>langsamer</u> wurde. <u>Bald</u> würden die Batterien leer sein und der <u>Vogel</u> abstürzen.
Gerade noch <u>rechtzeitig</u> konnte er es vor sich landen lassen.

92 Wörter

✍️ **2. Lernschritt:**   Schreibe die unterstrichenen Wörter sorgfältig heraus.

_____

_____

_____

✍️ **3. Lernschritt:**   Achte aufmerksam auf das Diktat.

Knicke das Blatt entlang der gestrichelten Linie nach hinten weg.

- -

_____

_____

_____

_____

_____

_____

_____

_____

_____

5-MINUTEN-DIKTATE … zum gezielten Rechtschreibtraining / Klasse 4 – Bestell-Nr. 10 875
KOHL VERLAG

11 Marc und sein Modellflugzeug

✍ 4. Lernschritt: a) Der Auslaut der folgenden Wörter klingt oft sehr ähnlich. Setze entweder d oder t ein.

das Hem____ – er ist frem____ – das Bett ist brei____ – ich bin gesun____ –

das Klei____ ist bun____ – das Ra____ ist run____ – er ha____ einen Bar____ –

ein gu____er Duf____ – das Zel____ ist aus Plastik – der Filmhel____ ist to____

b) Setze entweder g oder k ein.

ich bin jun____ – du bist muti____ – die Linie ist schrä____ – der Gestan____

ist star____ – der Tan____ ist leer – der Fisch ist ein guter Fan____ –

der Abhan____ ist steil – der Gesan____ klin____t schön – der Tei____ ist gut

✍ 5. Lernschritt: Sortiere alle „Lückenwörter" aus dem 4. Lernschritt in die Tabelle ein.

Nomen/Substantive	Verben	Adjektive

✍ 6. Lernschritt: Suche dir einen Partner. Diktiert euch die Wörter aus dem 5. Lernschritt gegenseitig.

_____

_____

_____

_____

5-MINUTEN-DIKTATE …zum gezielten Rechtschreibtraining / Klasse 4 – Bestell-Nr. 10 875 KOHL VERLAG

12 Stock werfen

1. Lernschritt: Lies den Text aufmerksam durch. Lies laut.

Zwei <u>Männer</u> stehen vor Gericht. Der <u>Kläger</u> ist wütend: „Die müssen beide ins <u>Gefängnis.</u>" Der Richter <u>erklärt</u>, er müsse die Ruhe bewahren und befragt den ersten Angeklagten: „Was haben Sie getan?" „Ich habe den Stock <u>kräftig</u> in den Fluss geworfen." „Das ist erlaubt – Freispruch", <u>lässt</u> der Richter vernehmen. Er <u>wendet</u> sich dem zweiten Angeklagten zu: „Und Sie?" „Ich habe dabei geholfen", <u>erklärt</u> dieser. Wieder gibt es Freispruch. Der <u>Kläger</u> ist jetzt völlig <u>verärgert</u>: „Ich bin Eduard Stock."

78 Wörter

2. Lernschritt: a) Schreibe alle unterstrichenen Wörter aufmerkam aus dem Text heraus.

_____

_____

b) Diktiert euch die Wörter gegenseitig. Wenn du alleine bist, decke die Wörter ab und schreibe sie aus dem Gedächtnis.

3. Lernschritt: Achte aufmerksam auf das Diktat.

Knicke das Blatt entlang der gestrichelten Linie nach hinten weg.

- -

_____

_____

_____

_____

_____

_____

_____

_____

5-MINUTEN-DIKTATE zum gezielten Rechtschreibtraining / Klasse 4 – Bestell-Nr. 10 875

KOHL VERLAG

4. Lernschritt: ä oder e — das ist hier die Frage. Sortiere die Wörter in den jeweils richtigen Sack.

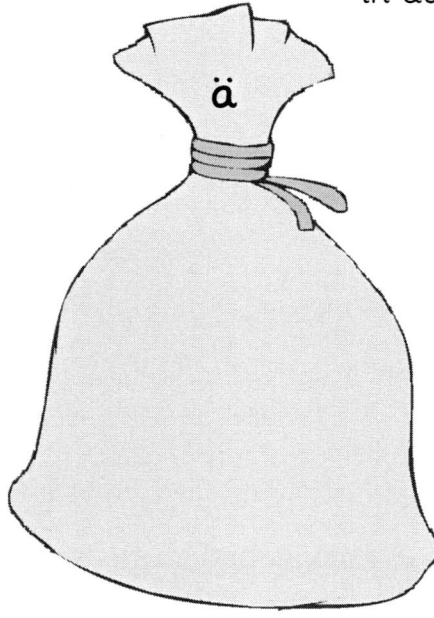

S___ge

M___dchen

H___cke

H___nne

schl___ngeln

schl___cht

t___tscheln

T___ller

T___ter

5. Lernschritt: Schreibe mit Wörtern aus dem 4. Lernschritt eine Kurzgeschichte.

_____

_____

_____

_____

_____

_____

6. Lernschritt: Welche Wörter mit ä in der Wortmitte fallen dir ein? Notiere.

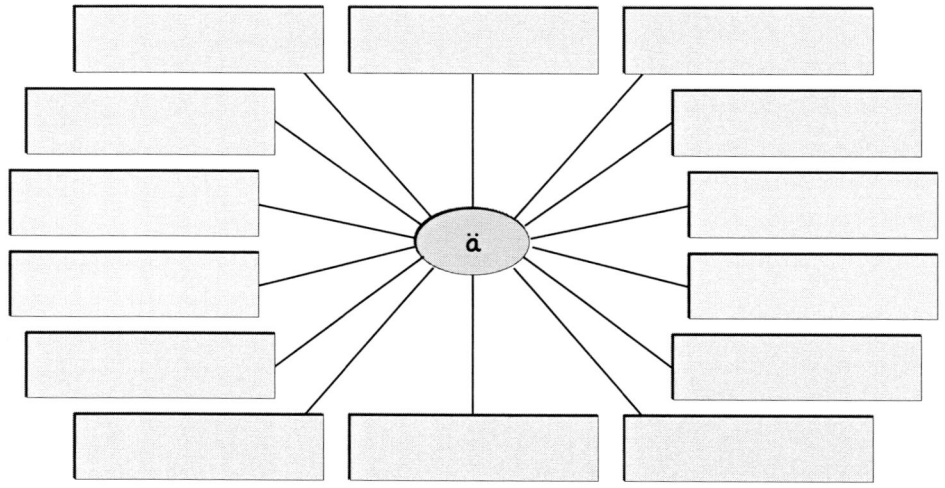

5-MINUTEN-DIKTATE / Klasse 4 – Bestell-Nr. 10 875 ... zum gezielten Rechtschreibtraining KOHL VERLAG

13 Schnell gegessen

👓 **1. Lernschritt:** Lies den Text aufmerksam durch. Lies laut.

Eine Frau geht in die Konditorei und bestellt ein <u>Häuschen</u> aus Marzipan. Sie beschreibt es genau: „Ich möchte die Türen öffnen können." „Das lässt sich einrichten. Kommen Sie morgen wieder." Am folgenden Tag kommt sie ins <u>Gebäude</u>: „Ich <u>träumte</u>, das <u>Häuschen</u> sollte auch Fenster zum Öffnen haben." „Wird gemacht", antwortet der Konditor, „es dauert aber zwei Tage." Sie richtet die <u>Sträußchen</u> am Hut und geht. Nach zwei Tagen <u>läuft</u> sie ins Geschäft und ruft aufgeregt: „Es muss echter Rauch aus dem Schornstein kommen." „Dafür <u>bräuchte</u> ich ein paar Tage." Nach dieser Zeit ist der Konditor ganz stolz auf seine Kreation und er fragt die anstrengende Kundin: „Soll ich es als Geschenk einpacken?" „Ach nein, das lohnt sich nicht. Ich habe das <u>Häuschen</u> in zehn Minuten ohnehin aufgegessen." Der Bäcker <u>schäumt</u> regelrecht vor Wut.

133 Wörter

✍ **2. Lernschritt:** Schreibe die unterstrichenen Wörter aus dem Text auf der Blattrückseite jeweils dreimal aufmerksam ab.

✍ **3. Lernschritt:** Achte aufmerksam auf das Diktat.

- - - - - - - - - - Knicke das Blatt entlang der gestrichelten Linie nach hinten weg. - - - - - - - - - -

_____

_____

_____

_____

_____

_____

_____

_____

_____

_____

_____

5-MINUTEN-DIKTATE ... zum gezielten Rechtschreibtraining / Klasse 4 – Bestell-Nr. 10 875
KOHL VERLAG

4. Lernschritt: Beuge (dekliniere) die folgenden Tunwörter (Verben).

aufräumen – säubern – tauschen – läuten – räuchern

	aufräumen	säubern	täuschen	läuten	räuchern
ich	räume auf				
du					
er / sie / es					
wir					
ihr					
sie					

 5. Lernschritt: Schreibe mit allen fünf Verben aus dem **4. Lernschritt** einen eigenen Satz.

aufräumen: _____

säubern: _____

täuschen: _____

läuten: _____

räuchern: _____

 6. Lernschritt: Schreibe zu den „äu-Wörtern" ein verwandtes Wort mit **au** auf.

Beispiel: läuten ➔ der Laut

aufräumen   ➔ _____   der Räuber ➔ _____

säubern   ➔ _____   das Fräulein ➔ _____

täuschen   ➔ _____   der Läufer ➔ _____

schäumen   ➔ _____   bläulich ➔ _____

der Verkäufer ➔ _____   die Fäulnis ➔ _____

5-MINUTEN-DIKTATE ... zum gezielten Rechtschreibtraining / Klasse 4 – Bestell-Nr. 10 875

KOHL VERLAG

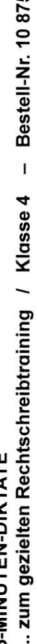

14 Nusskuchen

👓 **1. Lernschritt:** Lies den Text aufmerksam durch. Lies laut.

Der Schlüssel passte einfach nicht ins Schloss. Inge hatte es schon
ein paar Mal versucht, aber es war vergeblich. Ihre Mutter hatte die
Nüsse vor ihr verschlossen. Dabei hätte ihr eine Tasse voll genügt.
Sie biss einfach zu gern in die runden Früchte, aber heute sollte ein
Nusskuchen gebacken werden und der Vorrat wurde gebraucht. Also entschloss
Inge sich, von ihrem Vorhaben abzulassen. Der Vanillepudding im Kühlschrank
war ja auch noch da und nicht verschlossen. Sie genoss die weiße Creme und
freute sich auch schon auf den Kuchen.

88 Wörter

✍ **2. Lernschritt:** Schreibe alle unterstrichenen Wörter aus dem Text
heraus und unterstreiche das ss / ß .

_____

_____

_____

✍ **3. Lernschritt:** Achte aufmerksam auf das Diktat.

- - - - - - Knicke das Blatt entlang der gestrichelten Linie nach hinten weg. - - - - - - - -

_____

_____

_____

_____

_____

_____

_____

_____

_____

5-MINUTEN-DIKTATE … zum gezielten Rechtschreibtraining / Klasse 4 – Bestell-Nr. 10 875
KOHL VERLAG

4. Lernschritt: Entscheide, ob die Wörter mit ss oder mit ß geschrieben werden. Schreibe die Wörter unten auf.

| Nü ... |
| Klö ... |
| Fü ... |
| Ta ... |
| Pre ... |
| Grü ... |

ss

ß

| ... e |
| ... e |
| ... e |
| ... e |
| ... e |
| ... e |

_____ _____ _____ _____ _____ _____

5. Lernschritt: Finde Wörter mit ß . Nimm ein Wörterbuch zuhilfe.

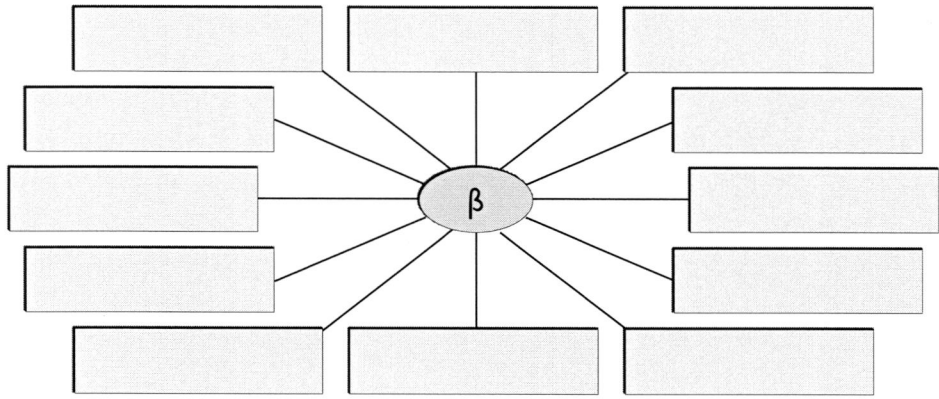

6. Lernschritt: a) Setze durch Verbindungslinien richtig zusammen.

| Schweiß ... |
| Spaß ... |
| Holz ... |
| Straßen ... |
| Stoß ... |

| ... laterne |
| ... floß |
| ... dämpfer |
| ... vogel |
| ... füße |

b) Schreibe die Begriffe hier sorgfältig auf.

_____

_____

_____

_____

_____

c) Bilde mit den zusammengesetzten Namenwörtern (Nomen / Substantiven) eigene Spaßsätze. Schreibe auf die Blattrückseite oder in dein Heft.

5-MINUTEN-DIKTATE ... zum gezielten Rechtschreibtraining / Klasse 4 – Bestell-Nr. 10 875

KOHL VERLAG

15 Der Traum vom Boxen

👓 **1. Lernschritt:** Lies den Text aufmerksam durch. Lies laut.

Max hatte nur einen Traum, er wollte Boxer werden. Mit dem Training hatte er schon begonnen, allerdings nur mit dem theoretischen. Er hatte viele Texte zum Boxsport gelesen und er fühlte sich fit. Die Praxis musste nun folgen. Der Boxverein seines Ortes hatte ihn gern auf-genommen, denn sie brauchten dringend Verstärkung im Fliegen-gewicht. Schon nach dem Aufwärmtraining hatte Max weiche Beine. Wenn das so weiter ging, konnte er sich ein Taxi für den Heimweg rufen, denn seine Beine würden ihn nicht mehr tragen. Am Ende des Trainings-abends entschied er sich dazu, doch lieber nur bei der Boxtheorie zu bleiben.

99 Wörter

✍ **2. Lernschritt:** Schreibe alle unterstrichenen Wörter aus dem Text heraus.

_____

_____

✍ **3. Lernschritt:** Achte aufmerksam auf das Diktat.

Knicke das Blatt entlang der gestrichelten Linie nach hinten weg.

– –

_____

_____

_____

_____

_____

_____

_____

_____

_____

5-MINUTEN-DIKTATE zum gezielten Rechtschreibtraining / Klasse 4 – Bestell-Nr. 10 875

KOHL VERLAG

 **4. Lernschritt:** Finde Wörter mit $\boxed{x}$. Nimm ein Wörterbuch zuhilfe.

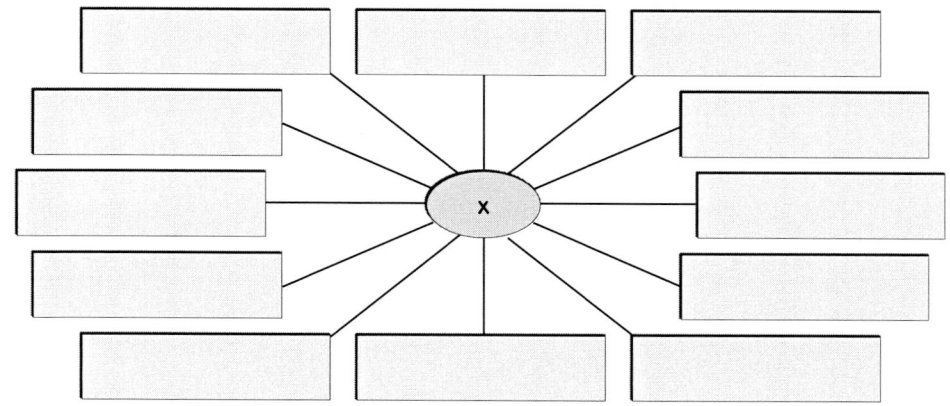

 **5. Lernschritt:** Fülle die Lücken mit $\boxed{x}$ oder mit $\boxed{ch}$.

A____sen – Bü____se – Te____t – A____t – mi____en – wa____sen –

he____en – bo____en – Verfli____t. – Da____s – Kerzenwa____s

6. Lernschritt: **a)** Welche der Wörter aus dem 5. Lernschritt passen in die Wortschablonen? Trage ein.

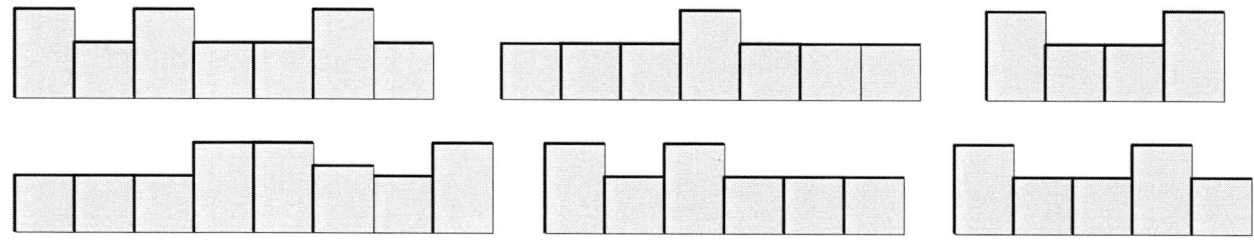

b) Gestalte selbst drei Wortschablonen.

7. Lernschritt: Partnerdiktat. Diktiert euch gegenseitig die Wörter aus dem 5. Lernschritt. Schreibt auf die Blattrückseite oder in euer Heft.

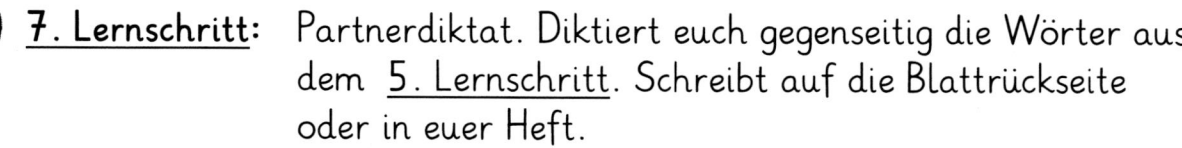

5-MINUTEN-DIKTATE ... zum gezielten Rechtschreibtraining / Klasse 4 – Bestell-Nr. 10 875

KOHL VERLAG

16 Eine Reise nach China

✎ **1. Lernschritt:** Lies den Text aufmerksam durch. Lies laut.

Der Chor in Chemnitz wuchs immer weiter. Demnächst würde man die Choräle nicht mehr im Gemeindehaus, sondern in der Kirche üben müssen. Die Chemiearbeiter waren wohl recht sangesfreudig. Vielleicht waren sie auch nur an der Chinareise interessiert, die bald folgen sollte. Im nächsten Monat sollte es so weit sein. Man hatte genug geübt und die Chornoten waren zusammengestellt worden. Es fehlte nur noch die Einreiseerlaubnis für das Orchester. China ist noch immer eine Diktatur, die die Menschenrechte nicht achtet, obwohl immer mehr Handelsbeziehungen zum Westen entstehen. Die Einreiseerlaubnis würde sicher bald erteilt werden. Amelie, die Geigerin, hatte allerdings ganz andere Sorgen: Wie sollte sie mit dem Wechseln der Banknoten zurechtkommen?

110 Wörter

✎ **2. Lernschritt:** Schreibe die unterstrichenen Wörter aus dem Text auf der Blattrückseite jeweils dreimal aufmerksam ab.

✎ **3. Lernschritt:** Achte aufmerksam auf das Diktat.

- - - - - - - - Knicke das Blatt entlang der gestrichelten Linie nach hinten weg. - - - - - - - -

5-MINUTEN-DIKTATE ... zum gezielten Rechtschreibtraining / Klasse 4 – Bestell-Nr. 10 875
KOHL VERLAG

4. Lernschritt: Fülle die Lücken mit `x` , mit `ch` oder mit `chs` .

die E____se — der Mi____er — der Spe____t — re____nen — fe____ten —

die A____t — der Do____t — krie____en — ko____en — die Bü____e —

die A____eln — die Wasserni____e — der We____el — der Wa____hund

5. Lernschritt: Trenne alle Wörter aus dem 4. Lernschritt sooft wie
möglich.

die Ech – se, ... _____

_____

_____

_____

6. Lernschritt: Nimm ein Wörterbuch zur Hand. Fülle die Tabelle
mit möglichst vielen neuen „ch-Wörtern" auf.

Namenwörter (Nomen / Substantive)	Tunwörter (Verben)	Eigenschaftswörter (Adjektive)

7. Lernschritt: Partnerdiktat. Diktiert euch gegenseitig die Wörter aus
dem 6. Lernschritt. Schreibt auf die Blattrückseite
oder in euer Heft.

5-MINUTEN-DIKTATE ... zum gezielten Rechtschreibtraining / Klasse 4 – Bestell-Nr. 10 875

KOHL VERLAG

👓 **1. Lernschritt:** Lies den Text aufmerksam durch. Lies laut.

Opa und sein Enkel <u>Fritz</u> <u>sitzen</u> auf der Bank. In der <u>Hitze</u> schmeckt das Eis besonders gut. Dabei unterhalten die beiden sich. Die <u>Sätze</u> von <u>Fritz</u> sind kaum zu verstehen, denn er hat <u>stets</u> den Mund voll. Da bemerkt der Opa <u>spitz</u>: „Wie kannst du nur immer mit vollem Mund reden?" Aus <u>Fritz</u> <u>platzt</u> es hervor: „Übung, Opa, alles Übung. Manchmal <u>spritzt</u> zwar etwas aus den Mundwinkeln, aber das fand ich eigentlich immer recht <u>witzig</u>."

75 Wörter

✍ **2. Lernschritt:** **a)** Schreibe alle unterstrichenen Wörter aus dem Text heraus.

_____

_____

b) Bestimme auf der Blattrückseite die Wortarten aller Wörter. Schreibe wie im Beispiel.

es kratzt   ➜   kratzen   ➜   Verb

der Witz   ➜   Nomen / Substantiv

✍ **3. Lernschritt:** Achte aufmerksam auf das Diktat.

- - - - - - - - - Knicke das Blatt entlang der gestrichelten Linie nach hinten weg. - - - - - - - - -

_____

_____

_____

_____

_____

_____

_____

_____

5-MINUTEN-DIKTATE zum gezielten Rechtschreibtraining / Klasse 4 – Bestell-Nr. 10 875

KOHL VERLAG

4. Lernschritt: Lies die folgenden Wörter laut und deutlich vor. Was stellst du fest? Achte auf den Selbstlaut (Vokal) vor dem **tz** .

> der Blitz — der Platz — der Satz —
> der Witz — die Katze — die Spitze

Lies nun diese Wörter laut durch. Achte auch hier auf den Selbstlaut (Vokal) vor dem **z** . Was stellst du diesmal fest?

> die Brezel — der Bezirk — der Bezug —
> der Dezember — die Bezahlung

Formuliere aus dem, was du festgestellt hast, eine Regel.

_____

_____

5. Lernschritt: a) Trenne die folgenden Wörter in seine Silbenbestandteile. Schreibe so:

De – zem – ber

die Pfütze → _____   der Metzger → _____

die Bazille → _____   kritzeln → _____

der Schmutz → _____   Dezimeter → _____

das Kreuz → _____   verletzen → _____

die Hitze → _____   das Fazit → _____

kratzen → _____   kompliziert → _____

b) Sortiere die Wörter in die folgende Tabelle ein.

langgesprochener Selbstlaut (Vokal)	kurzgesprochener Selbstlaut (Vokal)

5-MINUTEN-DIKTATE … zum gezielten Rechtschreibtraining / Klasse 4 – Bestell-Nr. 10 875

KOHL VERLAG

18 Beim Einkaufen

👓 <u>**1. Lernschritt:**</u> Lies den Text aufmerksam durch. Lies laut.

<u>Zum Ausruhen</u> blieb ihr heute wirklich wenig Zeit. Der Besuch hatte sich <u>zum Einkaufen</u> angemeldet und würde bis zum Abendessen bleiben. Anja wurde gern von ihren Freundinnen <u>zum Beraten</u> hinzugezogen, weil sie wusste, was wirklich cool war. <u>Das Schöne</u> daran war, dass sie zur Belohnung immer etwas von den hübschen Sachen abbekam. <u>Etwas Blaues</u> gefiel ihr immer sehr, diese Farbe stand ihr einfach gut.   64 Wörter

✍️ <u>**2. Lernschritt:**</u> a) Schreibe alle unterstrichenen Wörter aufmerkam aus dem Text heraus. Schreibe in Klammer das passende Verb bzw. Adjektiv dazu.

zum Auflegen (auflegen)

_____

_____

_____

b) Diktiert euch die Wörter gegenseitig. Wenn du alleine bist, decke die Wörter ab und schreibe sie aus dem Gedächtnis.

✍️ <u>**3. Lernschritt:**</u> Achte aufmerksam auf das Diktat.

- - - - - - - - - - Knicke das Blatt entlang der gestrichelten Linie nach hinten weg. - - - - - - - - - -

_____

_____

_____

_____

_____

_____

_____

5-MINUTEN-DIKTATE zum gezielten Rechtschreibtraining / Klasse 4 – Bestell-Nr. 10 875
KOHL VERLAG

4. Lernschritt: Verbessere den Text und schreibe ihn unten berichtigt auf.

> im garten
>
> in unserem garten haben wir einen pool zum schwimmen. das planschen macht meinen geschwistern und mir viel spass. mama schimpft immer, wenn wir zu viel krawall machen. wenn es zu laut wird, bellt auch unser großer. unser großer, so heißt unser hund. das laute bellen stört auch uns beim spielen.

_____

_____

_____

_____

_____

_____

_____

 5. Lernschritt: Kannst du die folgenden Wörter in Namenwörter (Nomen / Substantive) umwandeln (substantivieren)?

malen ➔ _____ trinken ➔ _____

schön ➔ _____ zart ➔ _____

rot ➔ _____ langweilig ➔ _____

lesen ➔ _____ sitzen ➔ _____

 6. Lernschritt: Bilde mindestens vier eigene Sätze. Verwende dabei die Namenwörter (Nomen / Substantive) aus dem 5. Lernschritt.

_____

_____

_____

_____

 KOHL VERLAG 5-MINUTEN-DIKTATE ... zum gezielten Rechtschreibtraining / Klasse 4 – Bestell-Nr. 10 875

19 Der Ausbruch

👓 **1. Lernschritt:** Lies den Text aufmerksam durch. Lies laut.

Zwei Gefängniswärter haben <u>Nacht für Nacht</u> zusammen Dienst. Sie kennen sich schon gut und ihre Unterhaltungen drehen sich um <u>Dies und Das</u>. Der <u>Eine</u> erzählt gern von seiner Tochter Stefanie, die <u>das Schwimmen</u> zu ihrem Sport gemacht hat. Der <u>Andere</u> berichtet von seiner Langohrhasenzucht, mit der er schon viele Preise gewonnen hat. Nebenbei erwähnt nun Stefanies Vater: „Übrigens, der Müller aus Zelle 307 ist neulich <u>nachts</u> ausgebrochen." Da erwidert der Kollege: „Seien wir doch froh, <u>das dauernde Quietschen</u> seiner Säge hat doch eh genervt."

84 Wörter

✍ **2. Lernschritt:**   a) Erstelle auf der Blattrückseite oder in deinem Heft/ Ordner mit allen unterstrichenen Wörtern neue ähnliche Sätze.

b) Finde drei kurze Satzbeispiele, in denen ein „substantiviertes Verb" vorkommt. (Beispiel: <u>Das</u> dauernde <u>Quietschen</u> nervt.)

_____

_____

_____

✍ **3. Lernschritt:**   Achte aufmerksam auf das Diktat.

Knicke das Blatt entlang der gestrichelten Linie nach hinten weg.

- -

_____

_____

_____

_____

_____

_____

_____

5-MINUTEN-DIKTATE … zum gezielten Rechtschreibtraining / Klasse 4 – Bestell-Nr. 10 875 · KOHL VERLAG

Der Ausbruch

 4. Lernschritt: Finde jeweils eine passende Regel und schreibe sie daneben.

a) <u>M</u>orgen gehe ich spazieren. _____
<u>I</u>ch erledige das gerne. _____

b) <u>D</u>as langsame <u>L</u>aufen finde ich _____
sehr gemütlich. _____

c) Können <u>S</u>ie mir bitte eine _____
Wanderkarte schicken?
Ich danke <u>I</u>hnen. _____

d) Mit der <u>K</u>arte gehe ich auf _____
große <u>W</u>anderungen. _____

5. Lernschritt: Verwandle die folgenden Tunwörter (Verben) und Eigenschaftswörter (Adjektive) in Namenwörter (Nomen / Substantive). Bilde mit diesen „substantivierten Wörtern" vollständige Sätze. Schreibe in dein Heft.

leben – malen – schön – gelb – groß – hüpfen

6. Lernschritt: Schreibe eine höfliche E-Mail an deinen Schulleiter, in der du einen Verbesserungswunsch ausformulierst. Denke dabei an die richtige Schreibweise der Anredepronomen. Die folgenden Reizwörter helfen dir dabei. Schreibe in dein Heft.

Direktor – Schulhof – Markierung – Fahrradschule

5-MINUTEN-DIKTATE … zum gezielten Rechtschreibtraining / Klasse 4 – Bestell-Nr. 10 875 KOHL VERLAG

20 Die Entschuldigung

1. Lernschritt: Lies den Text aufmerksam durch. Lies laut.

Sehr geehrte Frau Maier, bitte entschuldigen Sie das Fehlen meiner Tochter in Ihrem Sportunterricht. Sie zog sich beim Fußballspielen mit ihren Freunden eine Verstauchung zu. Sie brachten sie gleich zum Arzt und warteten dort lange. So konnte sie auch keine Hausaufgaben machen. Ich bitte Sie, auch dies zu entschuldigen. Ich wäre Ihnen sehr verbunden, wenn Sie den Klassenlehrer, Herrn Schuster, informieren könnten. Leonie wird drei Tage im Haus bleiben müssen, denn sie kann nicht vernünftig auftreten. Mit freundlichen Grüßen, Ihr Alfons Krummbiegel.

82 Wörter

2. Lernschritt: Groß oder klein? Fülle die folgenden Lücken.

a) Ich bitte ___ie darum, mir eine schriftliche Rechnung zu schicken.

b) Wir haben ___hre Trikots gekauft (die der Fußballmannschaft).

c) Marc hat ___ie (seine Freunde) getroffen.

d) Bis bald, ___hr Marc Müller.

e) Ich hoffe auf eine baldige Antwort von ___hnen.

3. Lernschritt: Achte aufmerksam auf das Diktat.

Knicke das Blatt entlang der gestrichelten Linie nach hinten weg.

5-MINUTEN-DIKTATE zum gezielten Rechtschreibtraining / Klasse 4 – Bestell-Nr. 10 875 — KOHL VERLAG

4. Lernschritt: Groß oder klein? Fülle die Lücken.

___ehr geehrter Herr Mayer,

letzte Woche habe ___ch ___hre Lieferung erhalten. ___ie haben ___ir zwölf

Trikots mit der Bestellnummer 0814 geschickt. Leider muss ___ch ___hnen

mitteilen, dass die Trikots fehlerhaft sind. ___ch habe bei ___hrer Firma

Trikots mit verschiedenen Nummern bestellt. Leider haben ___ie alle Trikots

mit der Nummer 03 bedruckt. Mit diesen Trikots kann ___nsere Mannschaft

natürlich nicht spielen. ___ir bitten ___ie, die Trikots so schnell wie möglich

durch neue zu ersetzen.

Mit freundlichen Grüßen, ___hr Johann Fliege (1. FC Mückenthal)

 5. Lernschritt: Suche dir einen Partner. Schreibt gemeinsam eine Regel, wann man ein persönliches Fürwort (Personalpronomen – ich, du, er/sie/es, wir, ihr, sie) groß schreibt, und wann es klein geschrieben wird.

6. Lernschritt: Schreibt zu den folgenden Reizwörtern gemeinsam einen Brief. Schreibt auf der Blattrückseite oder in eurem Heft.

Swimmingpool – Loch – Wasserschaden – reparieren

5-MINUTEN-DIKTATE ... zum gezielten Rechtschreibtraining / Klasse 4 – Bestell-Nr. 10 875

KOHL VERLAG

1   Lernschritt 2:   Individuelle Lösungen.

Lernschritt 4:   <u>In folgender Reihenfolge:</u> Hammer, Wimmern, Oma, Schlimmes, Brummen, Summen, bekam, Mama, Lümmel, Nummer, bekam, dumm

Lernschritt 5:   Lümmel = lümmeln; Nummer = nummerieren; Hammer = hämmern; ein Wimmern = wimmern

Lernschritt 6:   Diese Wörter werden groß geschrieben, weil jeweils ein Artikel davor steht (Substantivierung).

Lernschritt 7:   Individuelle Lösungen.

2   Lernschritt 2:   Lebensmittel, Mutter, Mittag, Blattmuster, glatt

Lernschritt 4:   <u>Mögliche Lösungen:</u> Kamm, Schwamm, Kammer, Sommer, Kummer, dumm, krumm, ...

Lernschritt 5:   bekommen, bestimmt, flimmern, immer, jammern, Kamm, Mammut, Radiergummi, schlimmer, Zimmer

Lernschritt 6:   <u>Mögliche Lösungen:</u> Kamel, Daumen, Samen, Rahmen, Dampf, Wärme, lähmen, ...

3   Lernschritt 2:   a) Herr Müller, Quelle, Wohltätigkeitsball, Brille, Herr Müller, Michelle Müller
b) füllte, wollte, will, will
c) vollständig, willig, schnell, Toll

Lernschritt 4:   a) <u>langgesprochener Selbstlaut:</u> Aal, Qual, Kalb, Altar, Alarm, Belag, Beule
<u>kurzgesprochener Selbstlaut:</u> schnell, schrill, Brille, prall, Füller, Alltag, bellen, Ball, Knall
b) Nach einem kurzgesprochenen Selbstlaut (Vokal) wird der Mitlaut (Konsonant) verdoppelt.

Lernschritt 5:   hell – schnell; die Quelle – die Welle; prall – der Stall; der Teller – der Keller; still – schrill; toll – voll; fallen – knallen; der Knall – der Ball

Lernschritt 6:   bb, dd, ff, gg, kk, ll, mm, nn, pp, rr, ss, tt, ww, z = tz

4   Lernschritt 2:   <u>Von links nach rechts:</u> Blick, Bock, stockte, keck, Tintenfleck, Geschmack, Bock, Klecks, Hocken, hockt

Lernschritt 4:   a) die Brücke; b) die Mücken; c) die Schnecke; d) der Trick; e) der Speck; f) der Rock; g) der Stock; h) die Jacke; i) die Backen

Lernschritt 5:   die Brücke – die Krücke; die Mücke – die Stücke; die Schnecke – die Decke; der Trick – schick; der Speck – der Dreck; der Rock – der Bock; der Stock – der Schock; die Jacke – die Macke

Lernschritt 6:   <u>Mögliche Lösung:</u> 1. Zeile: Decke; 2. Zeile: hält warm; 3. Zeile: Danke liebe Ente; 4. Zeile: für die warme Decke; 5. Zeile: Wärme

5   Lernschritt 2:   der Baustil, die Kantine, das Stilelement, die Kantine, das Motiv, die Liga, die Ruine, die Schlichtheit, der Widerspruch, die Villen, die Wirtin, die Kantine, die Sultanine, die Lawine

Lernschritt 4:   a) Bundesliga, Ziege, Sieger, Motiv, Schiene
b) Individuelle Lösungen.

Lernschritt 5:   Silber, Sieg, Sieb, Signal, sinken, Kino, Kiosk, Kiefer, gießen, gigantisch, Girlande

Lernschritt 6:   <u>langgesprochenes i:</u> Mine, lila, Kino
<u>kurzgesprochenes i:</u> Mitleid, Lippe, Schnitt, Sicht, Silbe, Signal, Ticket, Tinte

6   Lernschritt 2:   a) Spaziergang, Dienstag, Fliegen, Frieden, fliegen, Schließlich, Terrierhunde, sieben, wieder, Wiese

Lernschritt 4:   Ziege, nieseln, Kiesel, Biest, Zwiebel, liegen

Lernschritt 5:   Individuelle Lösungen.

Lernschritt 6:   <u>Mögliche Lösungen:</u> Krieg, Fliege, frieren, fließen, Sieg, Dieb, Siegel, Bier, Tier, nießen, ...

7   Lernschritt 4:   a) die Kohle, malen, zahlen, die Naht, die Uhr, strahlen, Vogel, segeln, fahren, der Draht, das Monster, nah, Wahl, der Mond, fegen, der Schuh, die Schule, gefährlich, ehrlich, Zahlen, froh, führen, bohren, Strom, Telefon, Mehl

5-MINUTEN-DIKTATE ... zum gezielten Rechtschreibtraining / Klasse 4 – Bestell-Nr. 10 875

KOHL VERLAG

7   Lernschritt 4 :   b) <u>Nomen/Substantive</u>: die Kohle, die Naht, die Uhr, der Vogel, der Draht, das Monster, die Wahl, der Mond, der Schuh, die Schule, die Zahlen, der Strom, das Telefon, das Mehl
<u>Verben</u>: malen, zahlen, strahlen, segeln, fahren, fegen, führen, bohren
<u>Adjektive</u>: nah, gefährlich, ehrlich, froh

Lernschritt 5 :   Individuelle Lösungen.

Lernschritt 6 :   <u>Mögliche Lösungen</u>: Vierteljahr, Jahrhundert, Jahrestag, Jahrbuch, Vorjahr, Frühjahr, …

8   Lernschritt 4 :   a) die Tragbahre, die Dose, der Zahn, Korn mahlen, lehren, froh, der Mut, wählen, graben, wahr, hohl, das Reh, der Magen, die Made, die Frage
b) <u>Nomen/Substantive</u>: die Kohle, die Dose, der Zahn, der Mut, das Reh, der Magen, die Made
<u>Verben</u>: (Korn) mahlen, lehren, wählen, graben
<u>Adjektive</u>: froh, wahr, hohl

Lernschritt 6 :   Individuelle Lösungen.

9   Lernschritt 2 :   A<u>ll</u>mä<u>h</u>lich, Frü<u>h</u>ling, ke<u>h</u>rten, blü<u>h</u>en, kü<u>h</u>l, se<u>h</u>nte, o<u>h</u>ne, zä<u>h</u>lte, Frü<u>h</u>lingsferien, wo<u>h</u>nen, Mü<u>h</u>le, se<u>h</u>r, a<u>h</u>nte, Wä<u>h</u>rend, Ma<u>h</u>lzeiten, gema<u>h</u>lenem, Me<u>h</u>l

Lernschritt 4 :   Individuelle Lösungen.

Lernschritt 5 :   a) & b) (der) Lehrer, (die) Möhre, (das) Jahr, (die) Bühne, (die) Bohnen, (die) Sahne, (das) Mehl, (die) Brühe, (der) Zahn

10   Lernschritt 2 :   a) spät, Unterricht, hat, längst, meint, Mutter, hat, nicht, geweckt, erzählt, Platten, sagt, konnte, Brotdose, nicht, meint, habt, gebraucht
b) hat – haben; meint – meinen; hat – haben; geweckt – wecken; erzählt – erzählen; sagt – sagen; konnte – können; meint – meinen; habt – haben; gebraucht – brauchen

Lernschritt 4 :   a) <u>Mögliche Lösungen</u>: Kobold, Hand, Tod, Hemd, Band, Sand, Rand, …
a) <u>Mögliche Lösungen</u>: Kompliment, korrekt, Kontakt, Brot, Boot, rennt, kennt, …

Lernschritt 5 :   Acht – Macht; Nacht – Pracht; Yacht – Tracht; Akt – Takt; genannt – gespannt; Sand – Strand; Wand – Verband; Rand – Pfand; sagt – wagt; Amt – Samt; Abstand – Aufwand; Band – Brand; Bart – Fahrt; fremd – Hemd; gedrängt – gesprengt; Fest – Nest

11   Lernschritt 2 :   Modellflugzeug, Freudestrahlend, Absperrung, Fernsteuerung, Elegant, flog, bestand, Skelett, Plastikhülle, Begeisterung, Flugzeug, langsamer, Bald, Vogel, rechtzeitig

Lernschritt 4 :   a) das Hemd, er ist fremd, das Bett ist breit, ich bin gesund, das Kleid ist bunt, das Rad ist rund, er hat einen Bart, ein guter Duft, das Zelt ist aus Plastik, der Filmheld ist tot
b) ich bin jung, du bist mutig, die Linie ist schräg, der Gestank ist stark, der Tank ist leer, der Fisch ist ein guter Fang, der Abhang ist steil, der Gesang klingt schön, der Teig ist gut

Lernschritt 5 :   <u>Substantive</u>: Hemd, Kleid, Rad, Bart, Duft, Zelt, Gestank, Tank, Fang, Abhang, Gesang, Teig
<u>Verben</u>: hat, klingt
<u>Adjektive</u>: fremd, breit, gesund, bunt, rund, guter, jung, mutig, schräg, stark

12   Lernschritt 2 :   a) Männer, Kläger, Gefängnis, erklärt, kräftig, lässt, wendet, erklärt, Kläger, verärgert

Lernschritt 4 :   <u>ä-Wörter</u>: Säge, Mädchen, schlängeln, tätscheln, Täter
<u>e-Wörter</u>: Hecke, Henne, schlecht, Teller

Lernschritt 5 :   Individuelle Lösungen.

Lernschritt 6 :   <u>Mögliche Lösungen</u>: Gämse, Gebäck, Märchen, dämlich, zählen, läuten, Fähre

13   Lernschritt 4 :   ich räume auf, du räumst auf, er/sie/es räumt auf, wir räumen auf, ihr räumt auf, sie räumen auf
ich säubere, du säuberst, er/sie/es säubert, wir säubern, ihr säubert, sie säubern
ich tausche, du tauschst, er/sie/es tauscht, wir tauschen, ihr tauscht, sie tauschen
ich läute, du läutest, er/sie/es läutet, wir läuten, ihr läutet, sie läuten
ich räuchere, du räucherst, er/sie/es räuchert, wir räuchern, ihr räuchert, sie räuchern

Lernschritt 5 :   Individuelle Lösungen.

Lernschritt 6 :   <u>Mögliche Lösungen</u>: aufräumen = der Raum; säubern = sauber; täuschen = der Tausch; schäumen = der Schaum; der Verkäufer = der Kauf; der Räuber = der Raub; das Fräulein = die Frau; der Läufer = der Lauf; bläulich = blau; die Fäulnis = faul

5-MINUTEN-DIKTATE   … zum gezielten Rechtschreibtraining / Klasse 4   –   Bestell-Nr. 10 875

KOHL VERLAG

14

Lernschritt 2 : Schlüssel, passte, Schloss, Nüsse, verschlossen, Tasse, biss, Nusskuchen, entschloss, abzulassen, verschlossen, genoss, weiße

Lernschritt 4 : Nüsse, Klöße, Füße, Tasse, Presse, Grüße

Lernschritt 5 : Mögliche Lösungen: beißen, süß, gießen, Schweiß, Strauß, groß, …

Lernschritt 6 : b) Schweißfüße, Spaßvogel, Holzfloß, Straßenlaterne, Stoßdämpfer   c) Individuelle Lösungen.

15

Lernschritt 2 : Max, Boxer, Texte, Boxsport, Praxis, Boxverein, Max, Taxi, Boxtheorie

Lernschritt 4 : Mögliche Lösungen: Hexe, Axt, Fax, Xylophon, Xaver, Mix

Lernschritt 5 : Achsen, Büchse, Text, Axt, mixen, wachsen, hexen, boxen, verflixt, Dachs, Kerzenwachs

Lernschritt 6 : a) Achseln, wachsen, Text, verflixt, Achsen, Dachs
b) Individuelle Lösungen.

16

Lernschritt 4 : die Echse, der Mixer, der Specht, rechnen, fechten, die Axt, der Docht, kriechen, kochen, die Büchse, die Achseln, die Wassernixe, der Wechsel, der Wachhund

Lernschritt 5 : die Ech – se; der Mi – xer; der Specht; rech – nen; fech – ten; die Axt; der Docht; krie – chen; ko – chen; die Büch – se; die Ach – seln; die Was – ser – ni – xe; der Wech – sel; der Wach – hund

Lernschritt 6 : Mögliche Lösungen: Nomen/Substantive: der Specht, der Strolch, der Strich, die Tracht, …
Verben: kriechen, lachen, stechen, rächen, …   Adjektive: hoch, tüchtig, sicher, wichtig, …

17

Lernschritt 2 : a) Fritz, sitzen, Hitze, Sätze, Fritz, stets, spitz, Fritz, platzt, spritzt, witzig
b) der Fritz = Nomen/Substantiv; sitzen – sitzen = Verb; die Hitze = Nomen/Substantiv; die Sätze = Nomen/Substantiv; der Fritz = Nomen/Substantiv; stets = Adjektiv; spitz = Adjektiv; der Fritz = Nomen/Substantiv; platzt – platzen = Verb; spritzt – spritzen = Verb; witzig = Adjektiv

Lernschritt 4 : Mögliche Lösungen: Nach einem kurzgesprochenen Selbstlaut (Vokal) wird aus z ein tz.
(Der Mitlaut (Konsonant) z wird nicht verdoppelt.)

Lernschritt 5 : a) die Pfüt – ze; die Ba – zil – le; der Schmutz; das Kreuz; die Hit – ze; krat – zen; der Metz – ger; krit – zeln; De – zi – me – ter; ver – let – zen; das Fa – zit; kom – pli – ziert
b) langgesprochener Vokal: der Dezember, der Dezimeter, die Bazille, das Fazit, das Kreuz, kompliziert
kurzgesprochener Vokal: die Pfütze, die Hitze, kratzen, verletzen, Schmutz, der Metzger, kritzeln

18

Lernschritt 2 : a) zum Ausruhen = ausruhen; zum Einkaufen – einkaufen; zum Beraten – beraten; das Schöne = schön; etwas Blaues = blau

Lernschritt 4 : Im Garten
In unserem Garten haben wir einen Pool zum Schwimmen. Das Planschen macht meinen Geschwistern und mir viel Spaß. Mama schimpft immer, wenn wir zu viel Krawall machen. Wenn es zu laut wird, bellt auch unser Großer. Unser Großer, so heißt unser Hund. Das laute Bellen stört auch uns beim Spielen.

Lernschritt 5 : malen = beim Malen; schön = das Schöne; rot = das Rote; lesen = das Lesen; trinken = das Trinken; zart = etwas Zartes; langweilig = das Langweilige; sitzen = beim Sitzen

Lernschritt 6 : Individuelle Lösungen.

19

Lernschritt 2 : a) & b) Individuelle Lösungen.

Lernschritt 4 : a) Wörter am Satzanfang schreibt man groß.
b) Verben und Adjektive kann man als Nomen/Substantive verwenden (substantivieren).
c) Eine höfliche Anrede schreibt man groß.
d) Nomen/Substantive schreibt man groß.

Lernschritt 5 : Individuelle Lösungen.

Lernschritt 6 : Individuelle Lösungen.

20

Lernschritt 2 : a) Sie; b) ihre; c) sie; d) Ihr; e) Ihnen

Lernschritt 4 : In folgender Reihenfolge: Sehr, ich, Ihre, Sie, mir, ich, Ihnen, Ich, Ihrer, Sie, unsere, Wir, Sie, Ihr

5-MINUTEN-DIKTATE … zum gezielten Rechtschreibtraining / Klasse 4 – Bestell-Nr. 10 875
KOHL VERLAG